Henriette Wich, geboren 1970 in Landshut, wuchs mit sechs Geschwistern auf und fing früh an zu erzählen. Nach dem Studium (Germanistik, Philosophie) arbeitete sie sechs Jahre als Lektorin in Kinder- und Jugendbuchverlagen und lebt heute als freie Autorin in München.

Annette Fienieg, 1959 in den Niederlanden geboren, studierte an der Akademie der Bildenden Künste in Utrecht. Am liebsten illustriert sie fantastische Geschichten mit viel Witz und Humor. Annette Fienieg lebt mit ihrem Mann und ihrem Sohn in Utrecht.

Ellermann im Dressler Verlag GmbH, Hamburg
© Dressler Verlag GmbH, Hamburg 2012
Erstausgabe 2004: Verlag Heinrich Ellermann GmbH, Hamburg
Alle Rechte vorbehalten
Einband und farbige Illustrationen von Annette Fienieg
Reproduktion: Die Litho, Hamburg
Druck und Bindung: Grafisches Centrum Cuno, Calbe
Printed 2012
ISBN 978-3-7707-3963-9

www.ellermann.de

Henriette Wich · Annette Fienieg

Kleine
*Sandmännchen
Geschichten*
zum Vorlesen

ellermann

Hallo, liebes Sandmännchen!

Abends, wenn es dunkel wird, fliegt das Sandmännchen los. Es lässt den Mond hinter sich, saust zwischen den Sternen durch und füllt seinen Sack mit Sternenstaub. Dann rutscht es die Milchstraße hinunter – bis es auf der Erde ist. Dort liegen die Kinder in ihren Betten. Das Sandmännchen fliegt in jedes Zimmer hinein.
»Seid ihr schon müde?«, fragt das Sandmännchen.
»Nein!«, rufen die Kinder.
Das Sandmännchen seufzt: »Schade! Dann muss ich meinen Sack wieder mitnehmen.«
»Was ist denn in dem Sack?«, wollen die Kinder wissen.
»Sternenstaub«, antwortet das Sandmännchen. »Wenn ihr einschlaft, geht euer größter Wunsch im Traum in Erfüllung.«
»Wir sind doch schon müde!«, rufen die Kinder.

Das Sandmännchen greift in seinen Sack. Sternenstaub fliegt durch die Luft. Wie der glitzert und funkelt! Der Sternenstaub legt sich auf die Augen der Kinder. Und schon schlafen die Kinder ein. Und das Sandmännchen trägt sie ins Reich der Träume.

Ein Zaubertrick für Zacharias

Endlich ist Zacharias Zauberlehrling und darf in die Zauberschule von Hexe Herta. Hexe Herta lebt mitten im tiefen Zauberwald. Zacharias geht lange durch den Zauberwald, und sein Rucksack wird immer schwerer. Da kommt er zu einer Wiese, dort steht ein Hexenhaus. Hexe Herta schaut zum Fenster raus.
»Bringst du mir einen Zaubertrick bei?«, bittet Zacharias die Hexe.
»Was möchtest du denn zaubern?«, fragt Hexe Herta.
»Ich will so stark sein wie mein Papa«, sagt Zacharias. »Der kann alles tragen, sogar mich.«
Hexe Herta flüstert Zacharias einen Zauberspruch ins Ohr.
Zacharias ruft laut: »Abrakadabra Bäribus!«
Plötzlich wachsen seine Muskeln, und er ist auf einmal ganz stark. Zacharias spuckt in die Hände. Dann hebt er die Hexe hoch – mit einer Hand!
Hexe Herta kreischt. Da hebt Zacharias mit der anderen Hand einen dicken Baumstamm hoch. Auf dem Baumstamm sitzt das Sandmännchen und lacht.

Ein Pony für Pia

Pia sitzt auf einer Blumenwiese und malt ihr Traumpony: ein weißes Pony mit einer silbernen Mähne und goldenen Hufen.

Als Pia fertig ist, flüstert sie: »Liebes Pony! Wenn es dich doch wirklich geben würde!«

Da wirbelt das Bild durch die Luft. Aus dem Bild wird eine weiße Wolke. Aus der Wolke wird ein Pony. Ein Pony mit einer silbernen Mähne und goldenen Hufen!

Pia springt auf und fällt dem Pony um den Hals. Sein Fell ist ganz weich. Das Pony reibt seinen Kopf an Pias Schulter.

Pia schwingt sich auf den Rücken ihres Traumponys. Mit den Händen hält sie sich an der Mähne fest. Und schon galoppiert das Pony los. Pia jubelt. Reiten ist wie Fliegen!

Das Pony galoppiert über viele Berge. Auf einem Berg steht ein schwarzes Pony. Und auf dem Pony sitzt das Sandmännchen.

»Hüüüh!«, ruft Pia. Gemeinsam mit dem Sandmännchen reitet sie weiter.

Eine Rakete für Robert

Gleich geht es los. Robert zieht seinen Raumanzug an und steigt in die Rakete.
Robert ruft: »Drei, zwei, eins, null!« Die Rakete schießt in den Himmel. Sie fliegt höher und höher. Robert guckt nach unten. Die Erde ist so klein wie eine blaue Murmel. Robert guckt nach vorne. Tausend Sterne funkeln. Robert flitzt zwischen ihnen hindurch. Da taucht eine große, rote Kugel vor ihm auf: der Mars!
Robert bremst die Rakete und landet. Er steigt die Leiter hinunter und setzt seinen Fuß auf rote Wüstenerde.
Da läuft ein kleines Männchen auf ihn zu. Ein Männchen mit einer roten Zipfelmütze und einem weißen Bart.

»Bist du das Sandmännchen?«, fragt Robert.
»Ja, genau«, sagt das Sandmännchen. »Du bist aber weit geflogen, Robert! Zeigst du mir deine Rakete?«
»Klar, komm an Bord«, sagt Robert.

Ein Feuerwehrauto für Feli

»Ring, ring, ring!«, macht die Alarmglocke in der Feuerwache.
»Es brennt!«, ruft Feuerwehrfrau Feli.
Schnell rutscht Feli die Stange hinunter, rennt zum Feuerwehrauto und braust mit den Feuerwehrmännern los.
»Tatütata!«, macht das Feuerwehrauto.
Schon sind sie da. Ein Schuppen brennt.
Das Sandmännchen rennt auf Feli zu.
»Hilf mir! Im Schuppen ist mein Sack mit dem Sternenstaub.«
Feli hat verstanden. Blitzschnell rollt sie den Feuerwehrschlauch aus.
»Wasser marsch!«, ruft Feli.
Das Wasser schießt heraus und – zisch! – werden die Flammen ganz klein.
»Feuer gelöscht!«, ruft Feli. Dann klettert sie in den Schuppen und holt den Sack des Sandmännchens.

»Danke!«, ruft das Sandmännchen.
»Du hast meinen Schatz gerettet.«
»Gern geschehen«, sagt Feli.

Ein Hund für Hanno

Pfadfinder Hanno übernachtet zum ersten Mal im Zelt. Aber er kann nicht schlafen. Bestimmt gibt es draußen gefährliche Waldmonster.
»Huhuuu!«, macht es plötzlich.
Die Waldmonster! Da ist ein riesiger schwarzer Schatten vor dem Zelt.
»Hilfe!«, ruft Hanno.
»Wuff, wuff!«, bellt es draußen.
»Wuff, haut ab, ihr Waldmonster!«
»Huhuuu!« – machen sich die Waldmonster davon.
Vorsichtig guckt Hanno aus dem Zelt. Da steht ein großer brauner Hund.
»Wo kommst denn du her?«, fragt Hanno.
»Das Sandmännchen hat mich geschickt«, sagt der Hund. »Ich bin ab heute dein Hund und beschütze dich.«
Hanno streichelt den Hund. »Das ist toll. Kennst du dich auch mit Klomonstern aus?«
»Wuff! Klar«, sagt der Hund.

Ein Piratenschatz für Paula

Paula ist der größte Piratenkapitän der Welt. Paula hat das größte Piratenschiff der Welt. Jetzt fehlt Paula nur noch der größte Piratenschatz der Welt.
Seit Wochen sitzt Paula im Mastkorb und starrt durch das Fernrohr. Plötzlich sieht sie etwas.
»Schatzinsel in Sicht!«, brüllt Paula.
»Hurra!«, grölen die Piraten.
Kurz vor der Insel wirft Paula den Anker und geht mit den Piraten an Land. Die Piraten schlagen mit ihren Säbeln einen Weg durch die Büsche. Auf einmal stößt ein Säbel auf etwas Hartes. Eine Schatztruhe!
Paula knackt das Schloss. Die Truhe ist randvoll mit Lollis und Schokolade und goldenen Karamellbonbons.
Da raschelt es hinter Paula. Paula dreht sich um. Ein kleines Männchen huscht an ihr vorbei. Ob das das Sandmännchen war?

Ein Clown für Chris

Heute geht Chris in den Zirkus. Er malt sein Gesicht weiß an und setzt sich eine rote Pappnase auf.
Vor der Kasse stürmt Clown Carlo auf ihn zu. »Der zweite Clown ist krank. Kannst du für ihn einspringen?«
»Kein Problem!«, sagt Chris. Doch dann hat Chris doch ein bisschen Bammel.
»Vorhang auf!«, ruft der Zirkusdirektor.
Chris erschrickt und stolpert in die Manege. Die Zuschauer brüllen vor Lachen.
Clown Carlo wirft Chris ein paar Bälle zu. Chris fängt sie auf und jongliert mit ihnen. Danach wirft er die Bälle in die großen Hosentaschen von Clown Carlo.
»Bravo!«, rufen die Zuschauer.
»Bravo!«, ruft das Sandmännchen. Es sitzt in der ersten Reihe und klatscht wie verrückt.
Chris strahlt. Dann verbeugt er sich zusammen mit Clown Carlo.

Ein Schloss für Charlotte

Charlotte ist heute Prinzessin, mit Spitzenkleid, Papierkrone und Stöckelschuhen. So stöckelt sie durch die Straßen. Plötzlich bleibt ihr Schuh in einer Ritze stecken. Charlotte zieht und zerrt, doch der Schuh steckt fest. Ein Prinz steigt aus einer goldenen Kutsche. »Kann ich helfen, Prinzessin?«
»Oh ja!«, sagt Charlotte.
Der Prinz geht auf die Knie und zieht den Schuh vorsichtig aus der Ritze.
»Bitte, Prinzessin!«, sagt er und verbeugt sich. »Ich bin übrigens Prinz Orlando.«
Charlotte wird rot. »Ich bin Charlotte. Aber ich bin leider keine richtige Prinzessin.«
Prinz Orlando lächelt. »Für mich bist du die schönste Prinzessin der Welt. Darf ich dich in mein Schloss führen?«
»Oh ja!«, sagt Charlotte.
Dann steigt sie in die Kutsche. Auf dem Kutschbock sitzt das Sandmännchen und zieht seinen Hut.

Ein Delfin für Dominik

Dominik planscht mit Delfin Dickie in der Badewanne. Dickie reitet über die Wellen und taucht unter dem Schaum durch.
»Toll!«, sagt Dominik.
»Das ist gar nichts«, sagt Dickie. »Soll ich dir mal das richtige Meer zeigen?«
»Au ja!«, ruft Dominik.
Plötzlich blubbert das Badewasser ganz doll. Es wird ein riesengroßer Fluss. Dominik und Dickie schwimmen mit dem Fluss ins Meer. Dort sind die Wellen riesig, aber Dickie springt über sie drüber. Dann taucht er unter und schießt wieder hoch.
»Supertoll!«, ruft Dominik. Er versucht, auch so schnell zu schwimmen wie Dickie. Aber er wird nur schrecklich müde davon.
Da taucht Dickie unter Dominik und trägt ihn auf seinem Rücken.
Zusammen sausen sie über das Meer auf einen Leuchtturm zu. Hoch oben auf dem Leuchtturm steht das Sandmännchen und winkt.

Gute Nacht, liebes Sandmännchen!

Das Sandmännchen war fleißig und hat ganz viel Sternenstaub verteilt. Jetzt schüttelt es seinen Sack aus. Der letzte Sternenstaub rieselt auf die Erde.
Noch einmal geht das Sandmännchen von Kinderzimmer zu Kinderzimmer. Es deckt die Kinder zu und streicht ihnen über den Kopf.
»Schlaft gut!«, sagt das Sandmännchen. Plötzlich wird das Sandmännchen schrecklich müde und muss gähnen.
»Gute Nacht, liebes Sandmännchen!«, murmeln die Kinder.
»Gute Nacht, Kinder!«, sagt das Sandmännchen.
Dann schwingt es sich in die Luft und fliegt zurück zu den Sternen. Auf dem Mond kuschelt das Sandmännchen sich in seine Hängematte und deckt sich mit einer Wolke zu. Und schon schläft es ein.
Was das Sandmännchen wohl träumt? Bestimmt träumt es, dass alle Kinderträume eines Tages in Erfüllung gehen – nicht nur im Traum!

Das Vorleseprogramm

ab 2 Jahren

Henriette Wich
Kleine Tier-Geschichten zum Vorlesen
Ab 2 Jahren
ISBN 978-3-7707-3964-6

Marliese Arold
Kleine Freundschafts-Geschichten zum Vorlesen
Ab 3 Jahren
ISBN 978-3-7707-2100-9

ab 3 Jahren

Henriette Wich
Kleine Spielplatz-Geschichten zum Vorlesen
Ab 2 Jahren
ISBN 978-3-7707-3971-4

Susan Niessen
Kleine Seeräuber-Geschichten zum Vorlesen
Ab 3 Jahren
ISBN 978-3-7707-3332-3

Henriette Wich
Kleine Traum-Geschichten zum Vorlesen
Ab 2 Jahren
ISBN 978-3-7707-3970-7

Sarah Bosse
Kleine Bauernhof-Geschichten zum Vorlesen
Ab 2 Jahren
ISBN 978-3-7707-2190-0

Antonia Michaelis
Kleine Lach-Geschichten zum Vorlesen
Ab 3 Jahren
ISBN 978-3-7707-3201-2

Weitere Informationen unter: **www.ellermann.de**

von ellermann

Vorlesen mit ellermann

Die schönsten Vorlesebücher für Kinder ab 2, 3 und 4 Jahren

Petra Steckelmann
Kleine Tierkinder-Geschichten zum Vorlesen
Ab 3 Jahren
ISBN 978-3-7707-3969-1

Frauke Nahrgang
Kleine Geschwister-Geschichten zum Vorlesen
Ab 4 Jahren
ISBN 978-3-7707-3330-9

ab 4 Jahren

Ingrid Kellner
Kleine Prinzessinnen-Geschichten zum Vorlesen
Ab 3 Jahren
ISBN 978-3-7707-2913-5

Christian Dreller
Kleine Zoo-Geschichten zum Vorlesen
Ab 4 Jahren
ISBN 978-3-7707-2372-0

Henriette Wich
Kleine Ballett-Geschichten zum Vorlesen
Ab 4 Jahren
ISBN 978-3-7707-3972-1

Elisabeth Zöller/Brigitte Kolloch
Kleine Dinosaurier-Geschichten zum Vorlesen
Ab 4 Jahren
ISBN 978-3-7707-2917-3